Impressum
Verlag: BABADADA GmbH, Nedderfeld 112 , 22529 Hamburg
Geschäftsführer / Verlagsleitung: Harald Hof
Druck: Books on Demand GmbH, In de Tarpen 42, 22848 Norderstedt

Imprint
Publisher: BABADADA GmbH, Nedderfeld 112 , 22529 Hamburg, Germany
Managing Director / Publishing direction: Harald Hof
Print: Books on Demand GmbH, In de Tarpen 42, 22848 Norderstedt, Germany

классная комната
phaphosi borutelo

делить
kgaoganya

186/2

доска
boroto

школьный двор
jarata ya sekolo

учитель
morutabana

бумага
pampiri

писать
kwala

ручка
pene

письменный стол
tafole

линейка
ruler

книга
buka

ученик
baithuti

ранец

kgetsana ya dibuka

пенал

setsenya dipensele

карандаш

pensele

точилка

seseta pensele

ластик

sephimola

альбом для рисования

boto ya go torowa

рисунок

torowa

кисточка

boratšhe jwa pente

коробка красок

bokose ya pente

ножницы

dikere

клей

sekgomaretsi

тетрадь

buka ya go kwalela

домашняя работа

tirogae

цифра

palo

прибавлять

tlhakanya

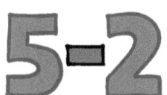

вычитать

kgaoganya

умножать

atisa

считать

khalkhuleitara

буква

lekwalo

алфавит

alfabete

слово

lefoko

текст

mafoko

читать

bala

мел

choko

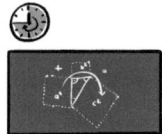

урок

thuto

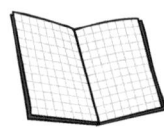

классный журнал

rejistara

экзамен

tlhatlhobo

диплом

setifikeiti

школьная форма

diaparo tsa sekolo

образование

thuto

энциклопедия

encyclopedia

университет

unibesithi

микроскоп

mikoroskoupo

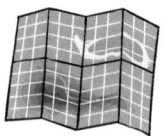

карта

mmepe

корзина для бумаг

moteme wa dipampiri

путешествие

eta

гостиница
hotele
Grand
турбаза
hosetele
ROOMS
EXCHANGE
пункт обмена валюты
kantoro ya go fetola madi
чемодан
sutukeisi
автомобиль
sejanaga

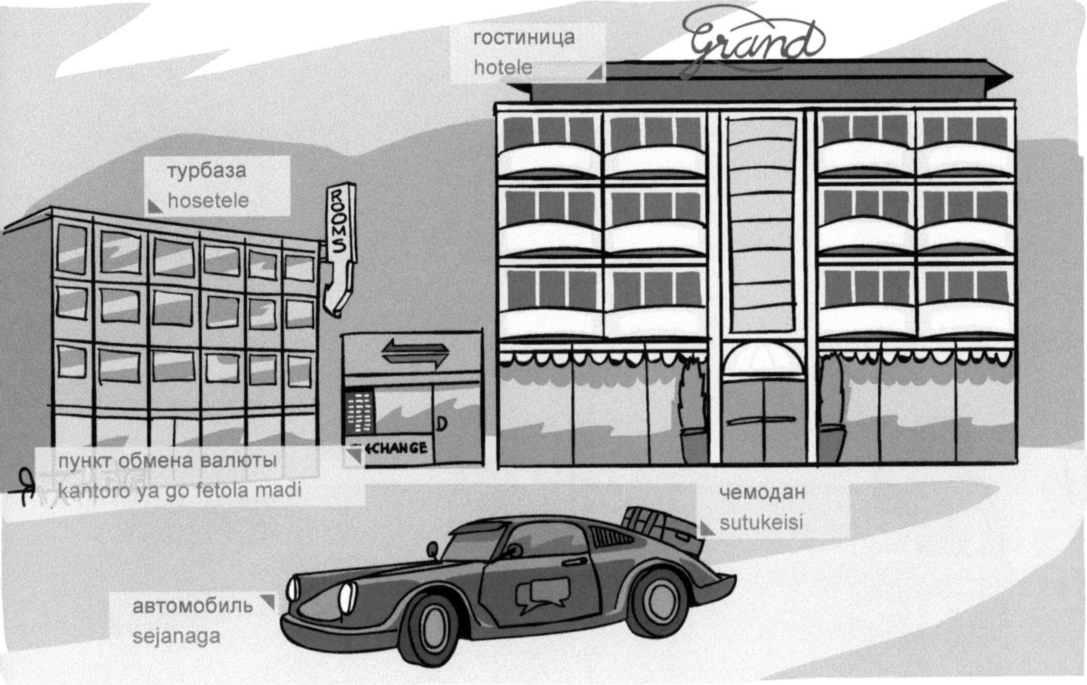

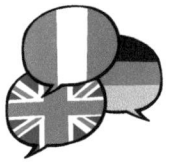

язык

puo

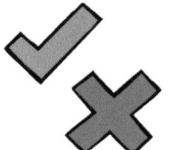

да / нет

ee / nnyaa

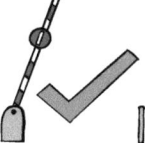

хорошо

Go siame

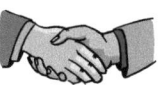

Привет

dumela

переводчик

moranodi

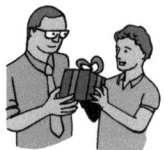

Спасибо

Ke a leboga

Сколько стоит…?

ke bokae…?

Я не понимаю

ga ke tlhaloganye

проблема

bothata

Добрый вечер!

O itumelele bosigo!

Доброе утро!

Dumela!

Доброй ночи!

Robala Sentle!

До свидания

tsamaya sentle

направление

tsela

багаж

dithoto

сумка

kgetsi

рюкзак

kgetsi

гость

moeng

комната

phaposi

спальный мешок

kgetsana ya go robalela

палатка

mogope

туристическая информация
tshedimosetso ya mojanala

пляж
lewatle

кредитная карточка
karata ya go tsaya sekoloto

завтрак
sefitlholo

обед
dijo tsa motshegare

ужин
dijo tsa maitsiboa

билет
tekete

лифт
lifiti

почтовая марка
setempe

граница
bodara

таможня
dingwao

посольство
embassy

виза
visa

паспорт
lokwalo itshupo

транспорт
sepalangwa

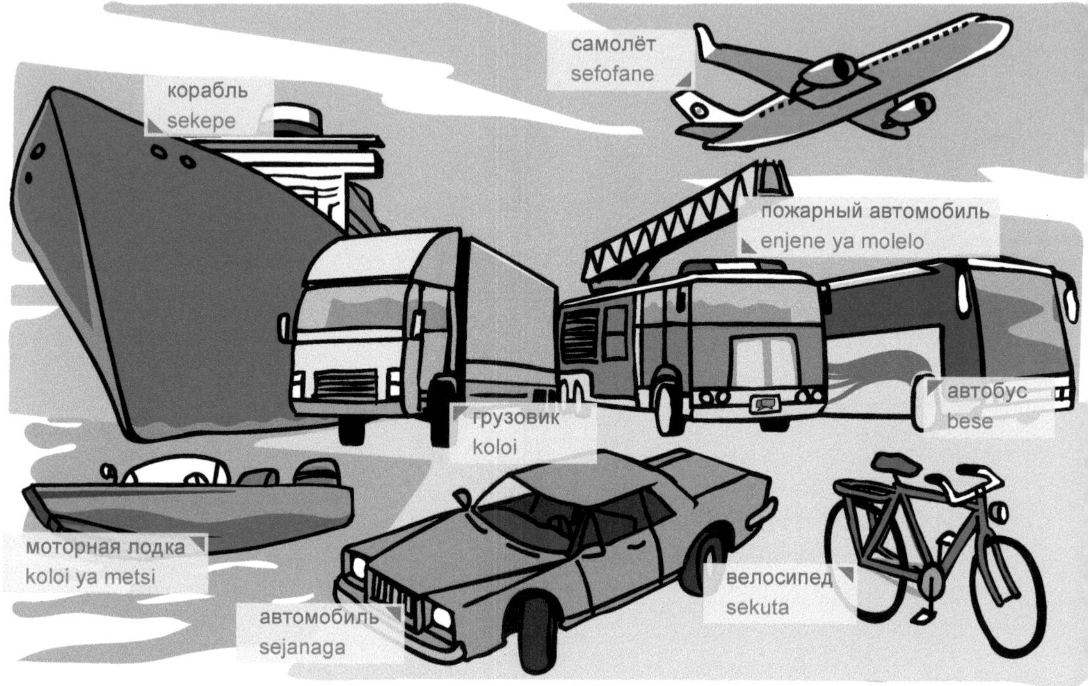
самолёт
sefofane
корабль
sekepe
пожарный автомобиль
enjene ya molelo
автобус
bese
грузовик
koloi
моторная лодка
koloi ya metsi
велосипед
sekuta
автомобиль
sejanaga

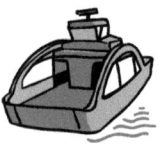

паром

feri

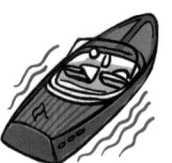

лодка

sekepe

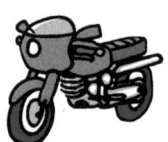

мотоцикл

sethuthuthu

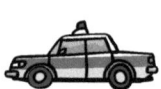

полицейский автомобиль

sejanaga sa mapodisa

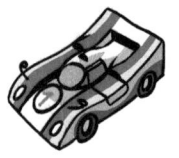

гоночный автомобиль

sejanaga sa lobelo

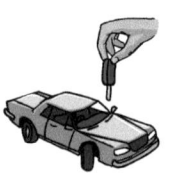

арендованный автомобиль

sejanaga se se hirilweng

совместное пользование
автомобилями

aroganya sejanaga

буксировочный
автомобиль
koloi e e gogang dikoloi tse
di robegileng

мусоровоз

koloi e e tsayang matlakala

двигатель

koloi

топливо

lookwane

заправка

seteišhene sa lookwane

дорожный знак

letshwao la pharakano

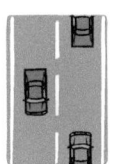

движение

pharakano

пробка

pharakano

автостоянка

lefelo la go emisa koloi

вокзал

seteišhene sa terena

рельсы

mela

поезд

terena

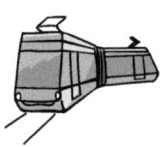

трамвай

tereme

вагон

kolotsana

вертолёт

sefofane

аэропорт

boemeladifofane

вышка

tora

пассажир

mopalami

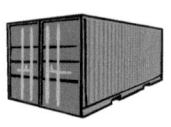

контейнер

sekhafothini

коробка

bokoso

тележка

karaki

корзина

basekete

взлетать / приземляться

go tsamaya / go fitlha

город

toropo

деревня

motse

центр города

legare la toropo

дом

ntlo

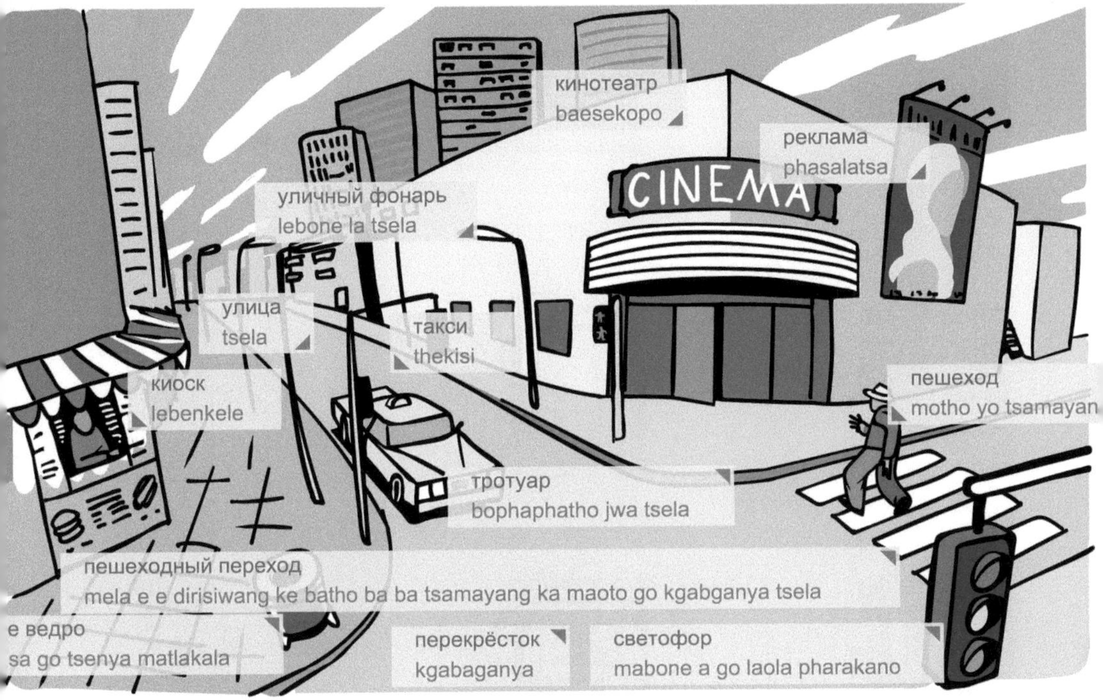

кинотеатр
baesekopo

реклама
phasalatsa

уличный фонарь
lebone la tsela

CINEMA

улица
tsela

такси
thekisi

киоск
lebenkele

пешеход
motho yo tsamayan

тротуар
bophaphatho jwa tsela

пешеходный переход
mela e e dirisiwang ke batho ba ba tsamayang ka maoto go kgabganya tsela

е ведро
sa go tsenya matlakala

перекрёсток
kgabaganya

светофор
mabone a go laola pharakano

хижина
ntlo e e ruletseng ka bojang

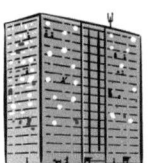

квартира
sephara

вокзал
seteišhene sa terena

ратуша
ntlolehalahala la toropo

музей
museamo

школа
sekolo

университет

unibesithi

банк

banka

больница

sepetlele

гостиница

hotele

аптека

lefelo la melemo

офис

kantoro

книжный магазин

lebenkele la dibuka

магазин

lebenkele

цветочный магазин

batho ba ba rekisang malomo

супермаркет

lebenkele

рынок

maraka

универмаг

lebenkele la diaparo

торговец рыбой

fishmongers

торговый центр

moago wa mabenkele a a mantsi

порт

boema dikepe

парк

serapa

скамейка

banka

мост

borogo

лестница

ditepisi

метро

kwa tlase ga lefatshe

тоннель

kgogometso

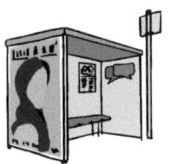

автобусная остановка

boemela bese

бар

bara

ресторан

lefelo la go jela

почтовый ящик

lebokose la pose

табличка с названием
улицы

letshwao la tsela

паркометр

mitara wa go emisa koloi

зоопарк

lefelo la go bonela
diphologolo

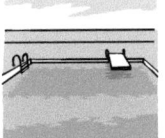

бассейн

letlodi la go thuma

мечеть

tempele ya mamoselema

ферма

polase

загрязнение окружающей среды

kgotlelelo

кладбище

mabitla

церковь

kereke

детская площадка

lefelo la go tshamekela

храм

temple

ландшафт

boago jwa lefelo

лист
setlhatsana

дорожный указатель
matshwao

дорога
tsela

луг
ditlhaga

камень
letlapa

дерево
setlhare

путешественник
motho yo o tsamayang mo thabeng

река
noka

трава
bojang

цветок
lelomo

долина

mokgatša

гора

thatshana

озеро

lekadiba

лес

sekgwa

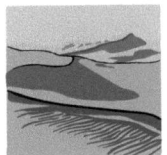

пустыня

sekaka

вулкан

lekgwamolelo

замок

khasele

радуга

motshe wa badimo

гриб

leboa

пальма

mokolana

комар

montsane

муха

tshenekegi

муравей

tshoswane

пчела

notshi

паук

segokgo

жук

khukhwana

лягушка

segwagwa

белка

mosha

еж

noko

заяц

mmutla

сова

morubisi

птица

nonyane

лебедь

pidipidi

кабан

dikolobe tsa naga

олень

kgokong

лось

moose

плотина

letamo

ветряной генератор

sefetlhaphefo

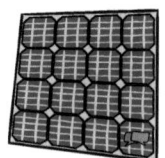

солнечная батарея

motlakase o o dirilweng ka
letsatsi

климат

loapi

ресторан

lefelo la go jela

официант
weitara
меню
lenaane la dijo
стул
setulo
суп
sopo
пицца
pizza
столовые приборы
dintsho
скатерть
fatuku ya tafole

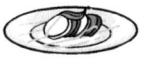

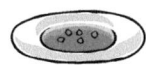

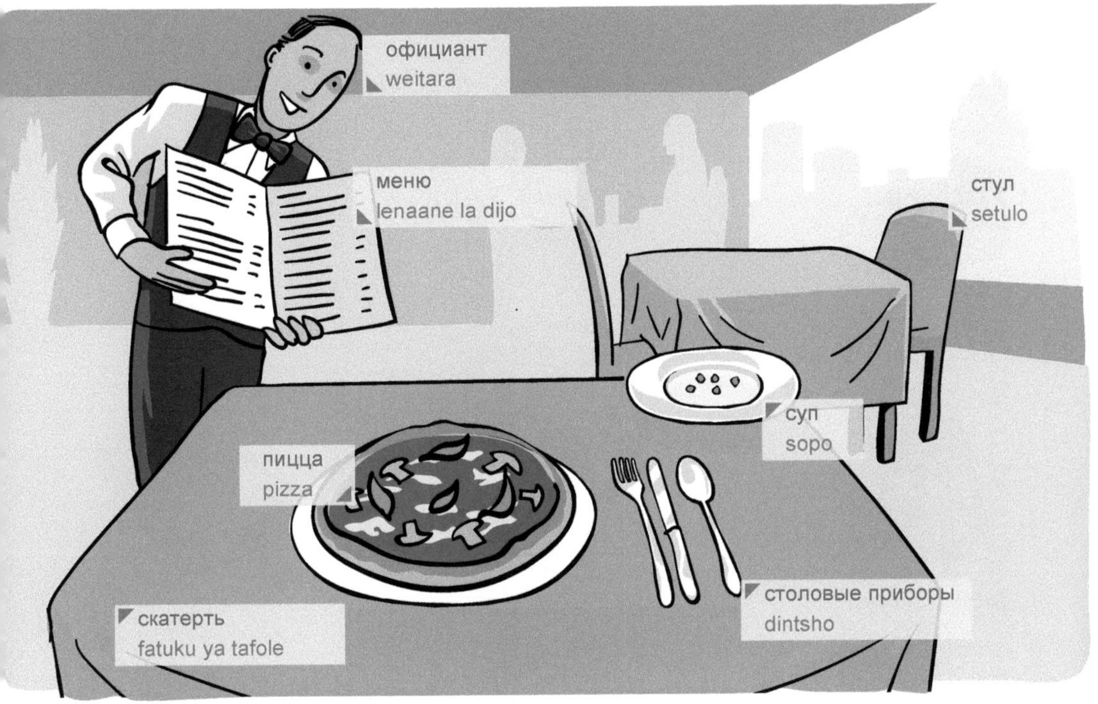

закуска

sejo sa ntlha

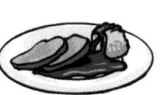

главное блюдо

sejo sa bobedi

десерт

dijo tse di naleng sukiri

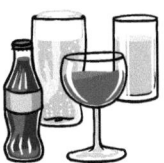

напитки

dino

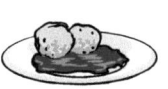

еда

dijo

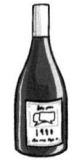

бутылка

botlolo

фастфуд

dijo tsa mo strateng

уличная еда

dijo tsa seterata

чайник

ketlele ya tee

сахарница

sejana sa go tsenya sukiri

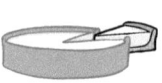

порция

karolo

кофеварка

motšhini wa espresso

детский стульчик

setulo se se kwa godimo

счет

tshupamolato

поднос

terei

нож

thipa

вилка

forotlho

ложка

liso

чайная ложка

leswana

салфетка

lesela la go iphimola

стакан

galase

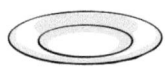

тарелка

poleiti

суповая тарелка

poleiti ya sopo

блюдце

sosara

соус

sopo

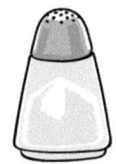

солонка

sejana sa letswai

мельница для перца

sesila pepere

уксус

aseini

масло

oli

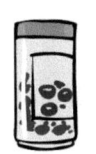

специи

ditswaiso

кетчуп

tamati souso

горчица

masetete

майонез

mayonaese

супермаркет
lebenkele

специальное предложение
sesolo se se kgethegileng
FOR
покупатель
moreki
молочные продукты
dilwana tsa mašwi
фрукты
leungo
тележка для покупок
teroli

BUTCHERS

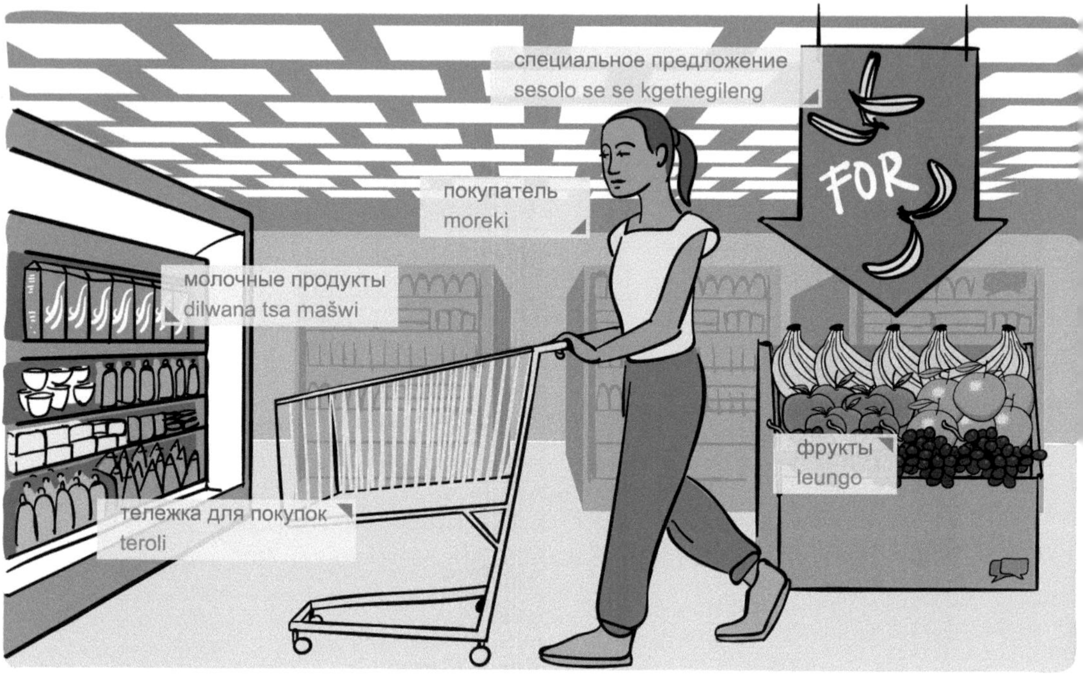

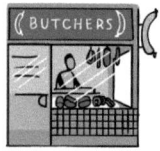

мясной магазин

batho ba ba segang nama

BAKERY

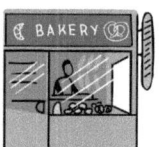

пекарня

babaki

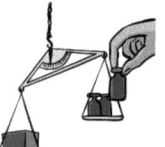

взвешивать

boima

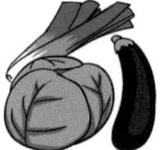

овощи

merogo

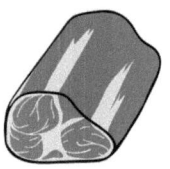

мясо

nama

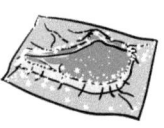

быстрозамороженные продукты

dijo tse di aesitsweng

нарезка

nama e e sa tlhokeng go apewa

консервы

dijo tsa thini

стиральный порошок

molora o o tlhatswang

сладости

dimonamone

предмет домашнего обихода

dilwana tsa ntlo

моющее средство

dilwana tsa go phepafatsa

продавщица

morekisi

касса

motšhini wa madi

кассир

morekisi

список покупок

lennane la go reka

время работы

diura tsa go bula

бумажник

sepatšhe

кредитная карточка

karata ya go tsaya sekoloto

сумка

kgetsi

полиэтиленовый пакет

kgetsi ya polasetiki

вода

metsi

сок

jusi

молоко

mašwi

кока-кола

khouku

вино

beine

пиво

biri

алкоголь

bojalwa

какао

khoukhou

чай

tee

кофе

kofi

эспрессо

esepereso

капучино

cappuccino

банан

panana

яблоко

apole

апельсин

namune

арбуз

legapu

лимон

surunamune

морковь

segwete

чеснок

konofole

бамбук

lotlhaka lwa bampuse

лук

eie

гриб

mabowa

орехи

manoko

лапша

di-noodles

спагетти

sepagethi

рис

raese

салат

salate

картофель фри

ditšhipisi

жареный картофель

ditapole tse di gadikilweng

пицца

pizza

гамбургер

hamburger

сэндвич

borotho jo bo tlapisitsweng

шницель

nama e e gadikilweng

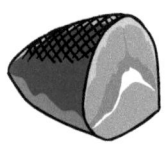

ветчина

nama ya kolobe

салями

salami

колбаса

boroso

курица

koko

жаркое

gadika

рыба

tlhapi

овсяные хлопья

bogobe jwa outse

мюсли

muesli

кукурузные хлопья

cornflakes

мука

bupi

круассан

croissante

булочка

banse

хлеб

borotho

тост

borotho jo bo besitsweng

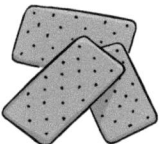

печенье

bisikiti

масло

botoro

творог

tšhisi

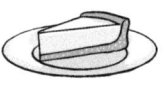

пирог

kuku

яйцо

lee

яичница

lee le le gadikilweng

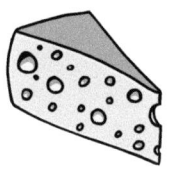

сыр

kase

мороженое

aesekirimi

сахар

sukiri

мёд

mamepe a dinotshe

мармелад

jeme

крем с нугой

chokolete e e tshasiwang

карри

khari

ферма

polase

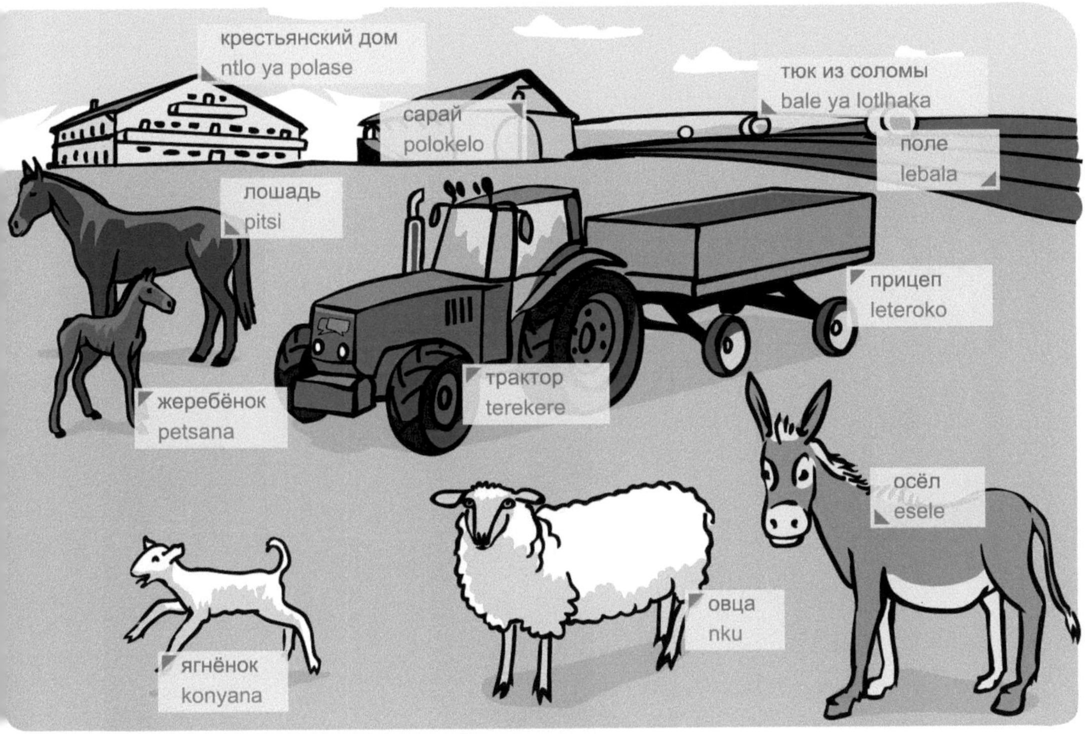
крестьянский дом
ntlo ya polase
сарай
polokelo
тюк из соломы
bale ya lotlhaka
поле
lebala
лошадь
pitsi
прицеп
leteroko
трактор
terekere
жеребёнок
petsana
осёл
esele
овца
nku
ягнёнок
konyana

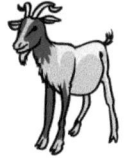

коза

pudi

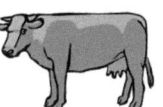

корова

kgomo

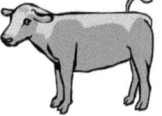

телёнок

namane

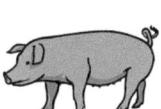

свинья

kolobe

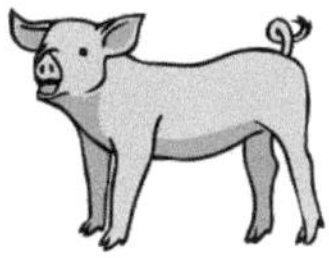

поросёнок

kolojane

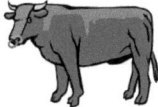

бык

poo

гусь

ganse

утка

pidipidi

цыплёнок

kokwanyana

курица

mokoko

петух

mokoko

крыса

peba

кошка

katse

мышь

peba

вол

kgomo

собака

ntša

конура

ntlo ya ntša

садовый шланг

lethompo la tshingwana

лейка

tanka ya go nosetsa

коса

disekele tsa tshipi

плуг

lema

серп

disekele

мотыга

setlhagola

навозные вилы

foroko ya go peta

топор

selepe

тачка

kiribae

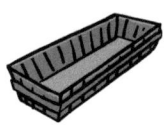

корыто

bonwelo

бидон для молока

mašwi a a moteng ga moteme

мешок

kgetsana

забор

legora

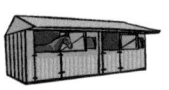

хлев

tsepame

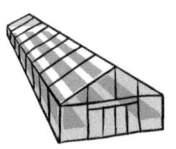

теплица

lefelo la go godisa dijalo

почва

mmu

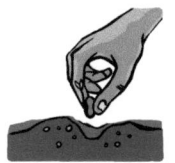

посев

peo

удобрение

menyoro

комбайн

thobo e e kopaneng

собирать урожай

thobo

урожай

thobo

ямс

di-yam

пшеница

korong

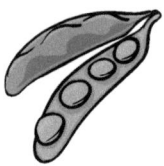

соя

soya

картофель

tapole

кукуруза

korong

рапс

disonobolomo

фруктовое дерево

setlhare sa maungo

маниок

cassava

злаки

dijo tsa phakela

дымоход
sentshamosi

крыша
marulelo

водосточный желоб
peipe ya deraine

окно
letlhabaphefo

гараж
karaje

звонок
bele ya setswalo

дверь
lebati

мусорное ведро
motene wa matlakala

почтовый ящик
lebokose la dikwalo

сад
tshingwana

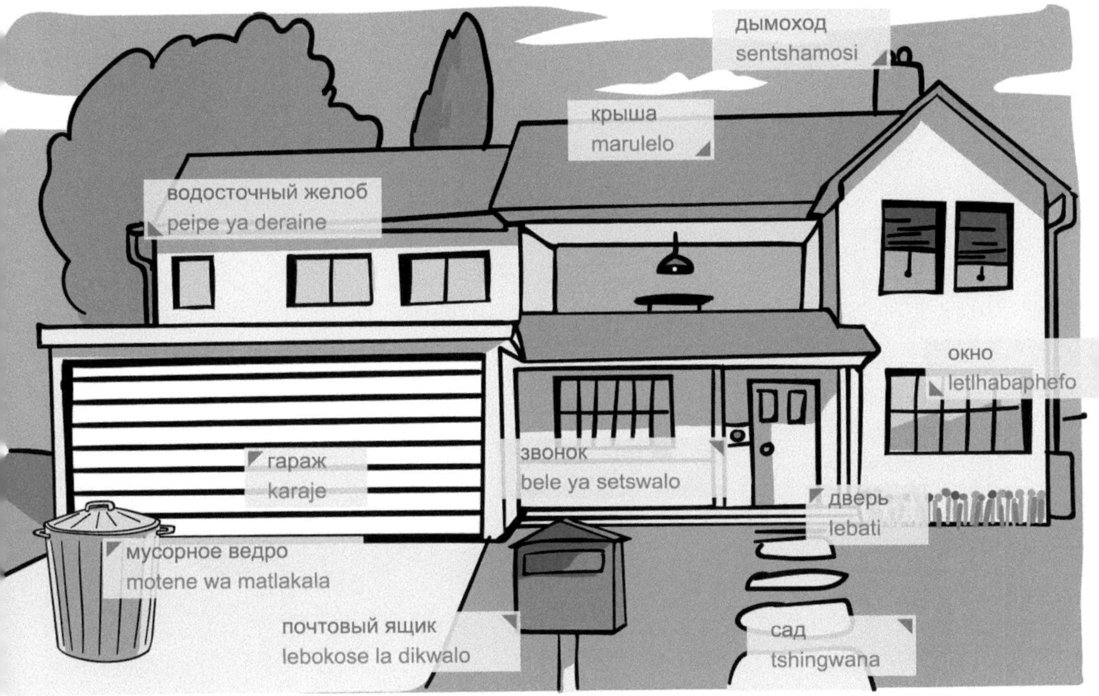

гостиная

phaposi ya bodulo

ванная комната

phaposi ya go tlhapela

кухня

boapeelo

спальня

phaposi ya borobalo

детская комната

phaposi ya bana

столовая

phaposi ya bojelo

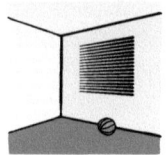

пол

mo fatshe

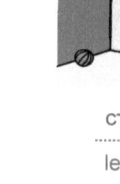

стена

lebota

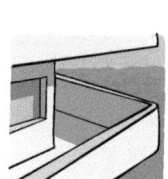

потолок

siling

подвал

mabolokelo

сауна

se futhumatsa mmele

балкон

mokatako

терраса

mokgekolosa

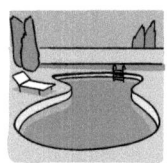

бассейн

makadiba

газонокосилка

sedirisiwa sa go sega
bojang

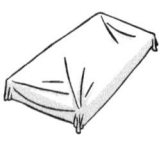

пододеяльник

lakane

покрывало

kobo

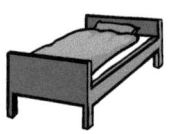

кровать

bolao

метла

lefielo

ведро

kgamelo

выключатель

switch

гостиная

phaposi ya bodulo

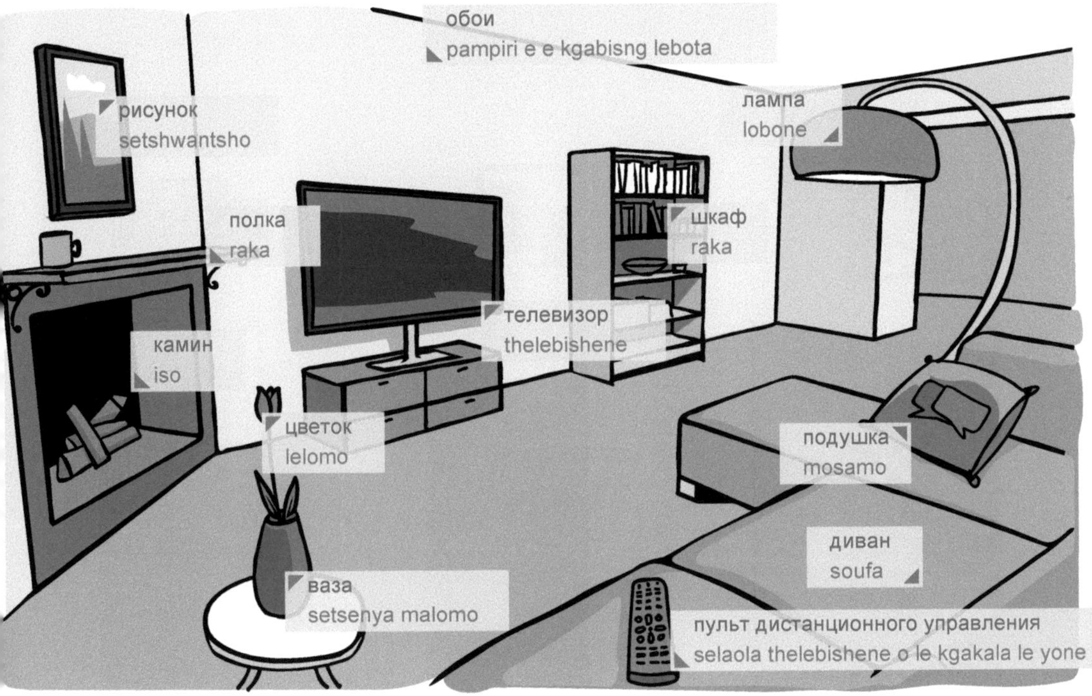
обои
pampiri e e kgabisng lebota
рисунок
setshwantsho
лампа
lobone
полка
raka
шкаф
raka
телевизор
thelebishene
камин
iso
цветок
lelomo
подушка
mosamo
диван
soufa
ваза
setsenya malomo
пульт дистанционного управления
selaola thelebishene o le kgakala le yone

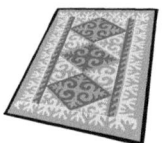

ковёр

mmetshe

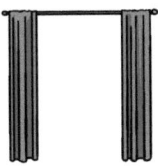

штора

garetene

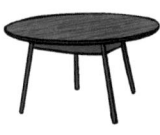

стол

tafole

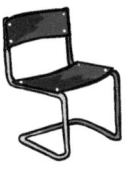

стул

setulo

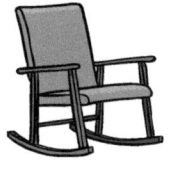

кресло-качалка

setulo se se binang

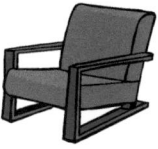

кресло

setulo se se naleng boikego

книга

buka

покрывало

kobo

украшение

mokgabiso

дрова

dikgong tsa molelo

фильм

filimi

стереосистема

hi-fi ya go letsa

ключ

selotlolo

газета

lokwalodikgang

картина

setshwantsho se se dirilweng ka pente

плакат

pampiri ya go phasalatsa

радио

seyalemowa

блокнот

buka ya dintla

пылесос

huvara

кактус

motoroko

свеча

kerese

кухня

boapeelo

холодильник
setsidifatsi
микроволновая печь
ovene ya go futhumatsa dijo
кухонные весы
sekale sa boapeelo
тостер
tostara
моющее средство
sephepafatsi
духовка
ovene
морозилка
setsidifatsi
мусорное ведро
motene wa matlakala
посудомоечная машина
motšhini wa go tlhatswa dikotlele

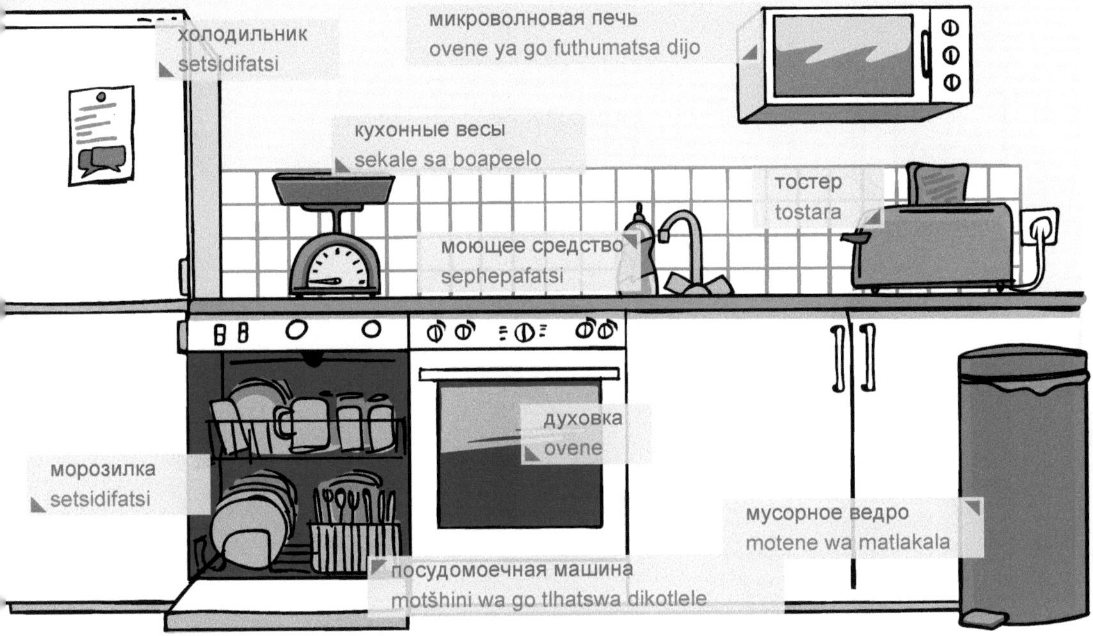

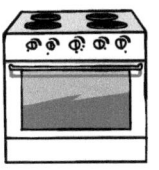

плита

moapei

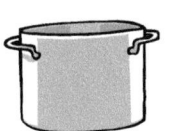

кастрюля

pitsa

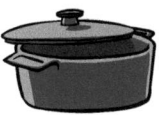

чугунный котелок

pitsa ya tshipi

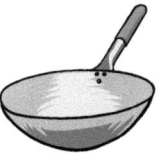

вок / кадай

wok / kadai

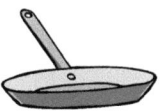

сковорода

pane

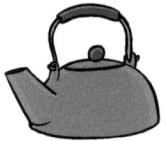

чайник

ketlele

пароварка

sefuthumatsi

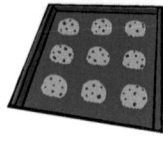

противень

terei ya go baka

посуда

dintsho

кружка

kopi

миска

sejana

палочки для еды

thobane ya go rema

половник

thoka

лопатка

sepatšhula

сбивалка

wiskara

сито

setereinara

сито

setlhotlhi

тёрка

greitara

ступка

kika

гриль

nama ya kgomo

костёр

molelo o o morepeneneg

доска

boroto ya go segela

скалка

rolara

штопор

sebula dibotlolo tsa beine

жестяная банка

moteme

консервный нож

sebula moteme

прихватка

setshwari sa pitsa

раковина

sinki

щетка

boratšhe

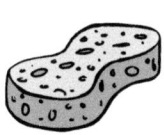

губка

sepontšhe

миксер

setlhakanya dijo / maungo

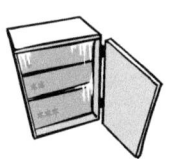

морозильная камера

setsidifatsi

бутылочка для кормления

botlole ya ngwana

кран

tepe

ванная комната
phaposi ya go tlhapela

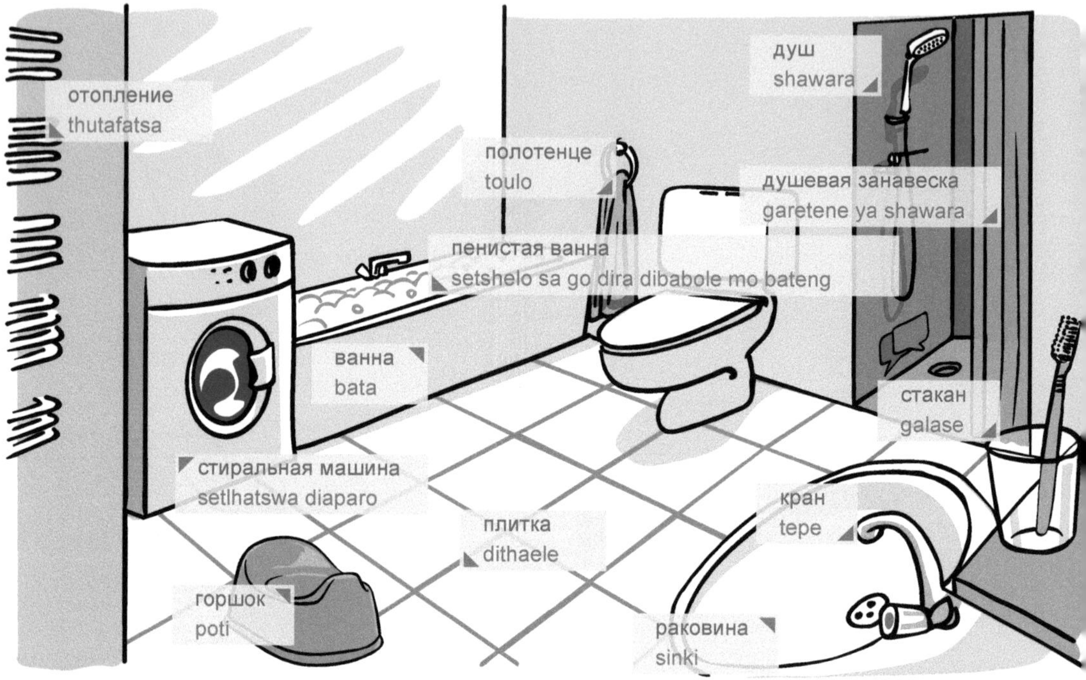

душ
shawara
отопление
thutafatsa
полотенце
toulo
душевая занавеска
garetene ya shawara
пенистая ванна
setshelo sa go dira dibabole mo bateng
ванна
bata
стакан
galase
стиральная машина
setlhatswa diaparo
кран
tepe
плитка
dithaele
горшок
poti
раковина
sinki

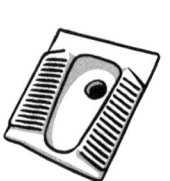

туалет

ntlwana

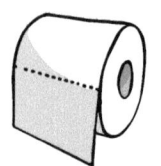

напольный унитаз

ntlwana ya go kotama

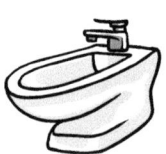

биде

bidete

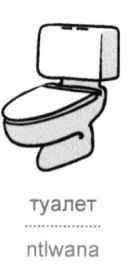

писсуар

moroto

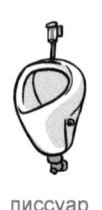

туалетная бумага

pampiri ya boithomelo

ершик

boratšhe jwa ntlwana

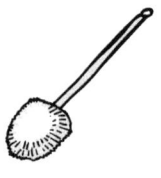

зубная щётка

boratšhe jwa meno

зубная паста

sesepa sa meno

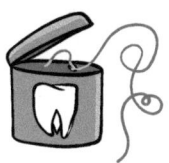

зубная нить

tlhale ya go phepafatsa
meno

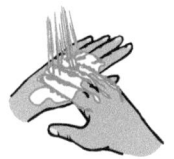

мыть

tlhatswa

ручной душ

shawara ya go itshwarela

интимный душ

senkgisa monate

таз

beisini

щётка для спины

boratšhe jwa mokwatla

мыло

sesepa

гель для душа

jele ya shawara

шампунь

setlhapisa moriri

мочалка

folanele

сток

mosele

крем

setlolo

дезодорант

senkgamonate

зеркало

seipone

ручное зеркало

seipone sa go itshwarela

бритва

legare

пена для бритья

foumu ya go ntsha moriri

лосьон после бритья

foumu ya fa o fetsa go
ntsha moriri

расческа

kama

щетка

boratše

фен

seomisa moriri

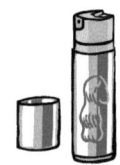

лак для волос

seporei sa moriri

косметика

seitlole sa sefatlhego

губная помада

setlolo sa molomo

лак для ногтей

pente ya dinala

вата

boboa

маникюрные ножницы

sekere sa dinala

духи

leokwane le le nkgang
monate

косметичка

kgetsana ya go tlhatswa

табуретка

setulo

весы

sekale sa go lekanya

халат

seaparo sa botlhapelo

резиновые перчатки

ditlelafo tsa rekere

тампон

tempone

гигиеническая прокладка

sedirisiwa sa basadi ba ba
mo kgweding

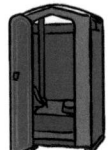

биотуалет

ntlwana ya khemikhale

детская комната
phaposi ya bana

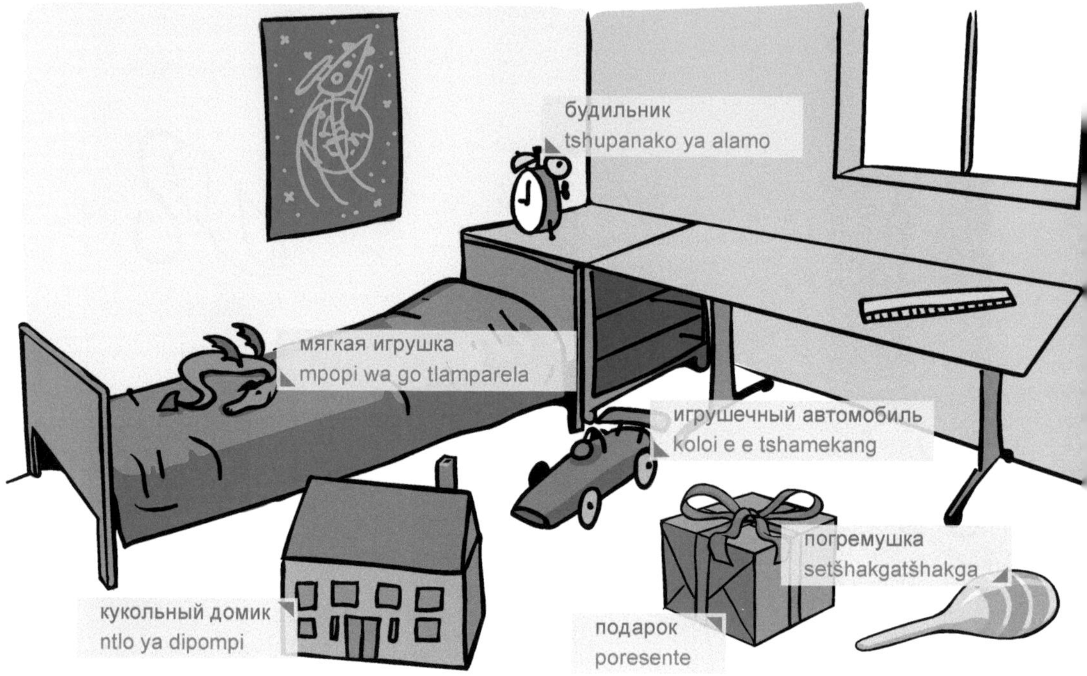
будильник
tshupanako ya alamo
мягкая игрушка
mpopi wa go tlamparela
игрушечный автомобиль
koloi e e tshamekang
погремушка
setšhakgatšhakga
кукольный домик
ntlo ya dipompi
подарок
poresente

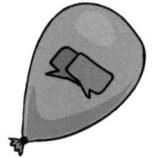

воздушный шар

baluni

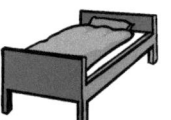

кровать

bolao

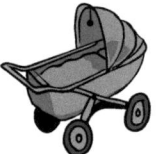

детская коляска

porema

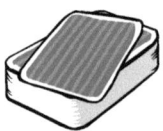

карточная игра

deck of cards

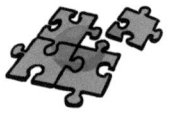

пазл

saga ya motlakase

SUPER
MEGA

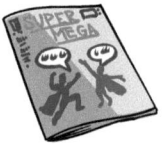

комикс

buka ya ditshegisi

кирпичики Лего

matlapa a go tshameka

кубики

diboloko tse di tshamekang

игрушечная фигурка

setshwantsho sa motho

ползунки

seaparo sa lesea

фрисби

Frisbee

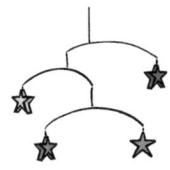

мобиле

selo sa go letsa mmino mo
ditsebeng

настольная игра

motshameko wa boroto

кубик

daese

модель железной дороги

terena

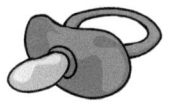

соска

tami

вечеринка

moletlo

книга с картинками

buka ya ditshwantsho

мяч

bolo

кукла

mpopi

играть

tshameka

песочница

lebala le le naleng santa

качели

moswinki

игрушка

ditshamekisi tsa bana

игровая приставка

motshameko wa dibidio

трёхколесный велосипед

baesekele ya maotwana a a mararo

плюшевый медвежонок

bera e e diretsweng go tshamekisa bana

шкаф для одежды

raka ya go baya diaparo

одежда

seaparo

носки

dikausu

чулки

dikausu tsa basadi

колготки

dithaetse

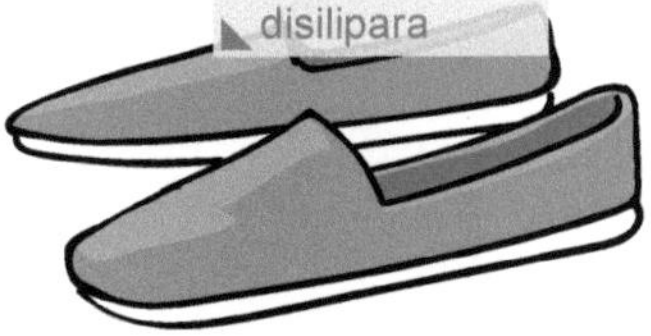

шарф
sekhafo

зонтик
sekhukhu

футболка
sekipa

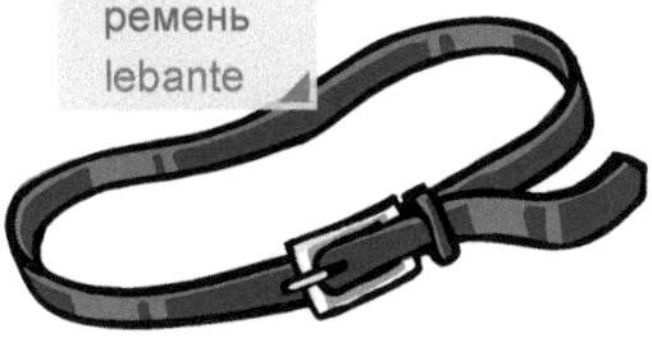

ремень
lebante

сапоги
dibutshi

тапки
disilipara

кроссовки
diteki

сандалии
dimphatšhane

ботинки
ditlhako

резиновые сапоги
dibutshi tsa rekere

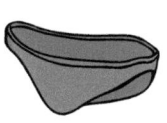

трусы
borukgwe jwa kwateng

бюстгальтер
boraa

майка
besete

боди

mmele

брюки

borukgwe

джинсы

bokate

юбка

sekete

блузка

bolaose

рубашка

hempe

свитер

jeresi e e senang matsogo

свитер

jakete e e enaleng hutshe

спортивная куртка

boleisara

жакет

jakete

пальто

jase

плащ

jase ya pula

костюм

khosetjhumo

платье

mosese

свадебное платье

mosese wa lenyalo

мужской костюм

sutu

ночная сорочка

seaparo sa bosigo

пижама

diaparo tsa go robala

сари

sari

платок

sekhafa sa tlhogo

тюрбан

turban

паранджа

burqa

кафтан

kaftan

абайя

abaya

купальник

seaparo sa go thuma

плавки

diteranka

шорты

borukgwe jo bo khutshwane

спортивный костюм

terekesutu

фартук

seaparo sa go phephafatsa

перчатки

ditlelafo

пуговица

talama

очки

diborele

браслет

sebaga

цепочка

sebaga sa mo thamong

кольцо

palamonwana

серьга

lengena

шапка

kepisi

вешалка

sepega baki

шляпа

hutshe

галстук

tae

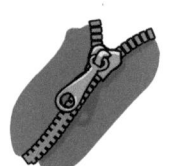

застежка молния

zepe

шлем

hutshe ya sethuthuthu

подтяжки

ditrata tsa meno

школьная форма

diaparo tsa sekolo

форма

diaparo tsa mmereko /
diaparo tsa sekolo

детский нагрудник
....
bebe

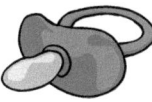

соска
....
tami

подгузник
....
mongato

офис

kantoro

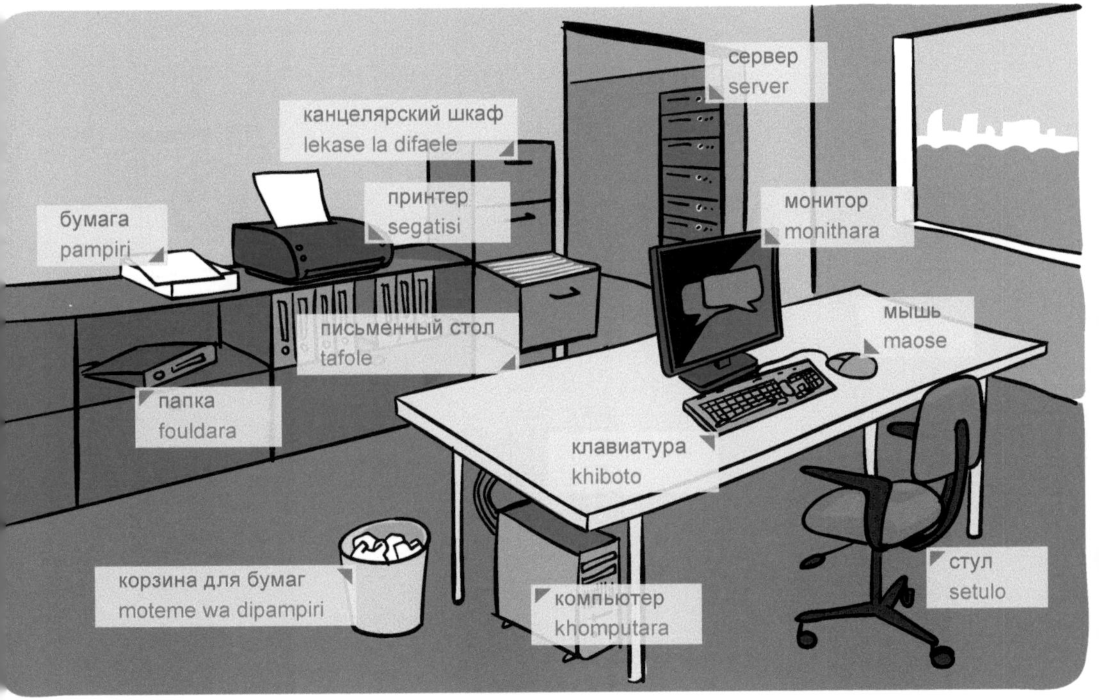

сервер
server

канцелярский шкаф
lekase la difaele

принтер
segatisi

монитор
monithara

бумага
pampiri

мышь
maose

письменный стол
tafole

папка
fouldara

клавиатура
khiboto

стул
setulo

корзина для бумаг
moteme wa dipampiri

компьютер
khomputara

кофейная кружка
....
kopi

калькулятор
....
khalkhuleitara

интернет
....
inthanete

ноутбук

lapothopo

письмо

lekwalo

сообщение

molaetsa

мобильный телефон

mogala wa letheka

сеть

kgolagano ya megala

ксерокс

segatisa dipampiri

программа

software

телефон

mogala

розетка

sokete ya polaka

факс

motšhini wa fekese

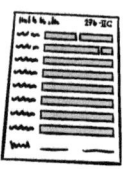

формуляр

foromo

документ

setlankana

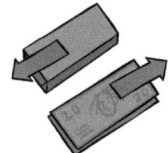

покупать

reka

платить

patela

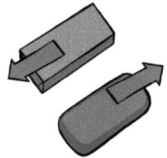

торговать

rekisa

деньги

madi / tšhelete

доллар

dolara

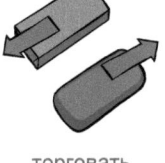 

евро

euro

иена

yen

рубль

roubele

франк

swiss franc

жэньминьби юань

renminbi yuan

рупия

rupee

банкомат

lefelo la madi

пункт обмена валюты

kantoro ya go fetola madi

золото

gauta

серебро

selefera

нефть

oli

энергия

maatla

цена

tlhwatlhwa

договор

konteraka

налог

lekgetho

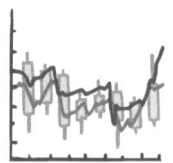

акция

setoko

работать

dira

служащий

mothapiwa

работодатель

mothapi

фабрика

bodirelo

магазин

lebenkele

милиционер
lepodisi

пожарный
motimamolelo

повар
moapei

врач
ngaka

пилот
mokgweetsi wa sefofane

садовник

ratshingwana

столяр

mmetli wa dikgong

швея

moroki

судья

moatlhodi

химик

moitse wa melemo

актёр

modiragatsi

водитель автобуса

mokgweetsi wa bese

таксист

mokgweetsi wa tekisi

рыбак

motshwari wa ditlhapi

уборщица

Mme yo o phepafatsang

кровельщик

moruledi

официант

weitara

охотник

motsumi

художник

motaki

пекарь

mmesi wa senkgwe

электрик

ramotlakase

строитель

moagi

инженер

moenjenere

мясник

mosegi wa nama

сантехник

motsenyi wa diphaepe tsa metsi

почтальон

motsamaisa poso

солдат

leshole

архитектор

modiri wa dipolane

кассир

morekisi

флорист

morekisi wa malomo

парикмахер

mokgabisamoriri

кондуктор

kondactara

механик

mokheneke

капитан

mokapeteine

зубной врач

ngaka ya meno

ученый

Rasaense

раввин

moruti

имам

imam

монах

moitlami

священник

moruti

инструменты

didiriswa

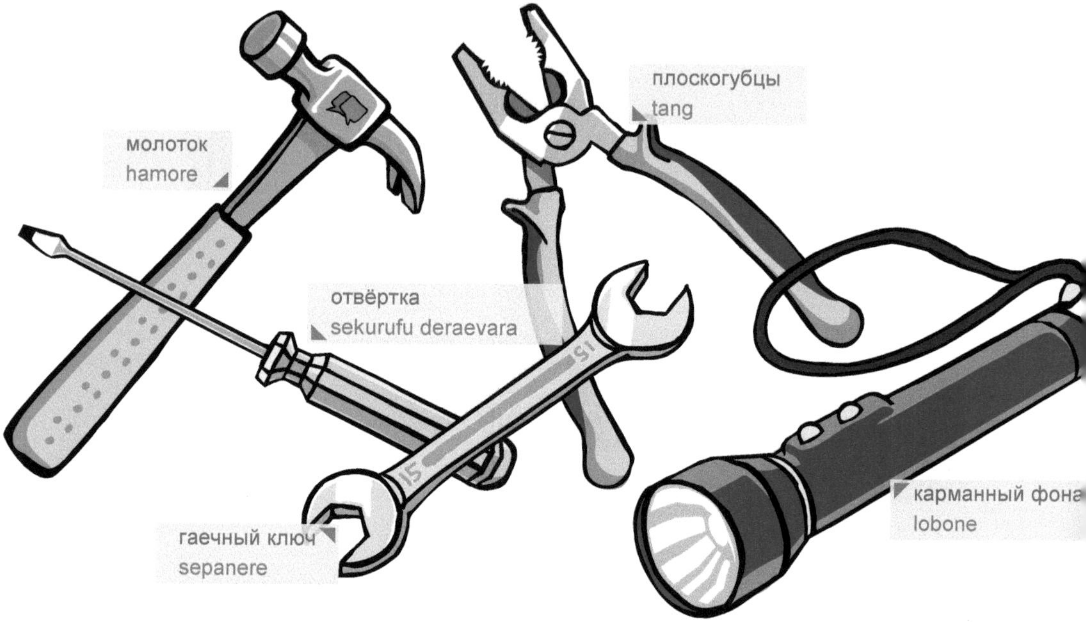

молоток
hamore
плоскогубцы
tang
отвёртка
sekurufu deraevara
гаечный ключ
sepanere
карманный фона
lobone

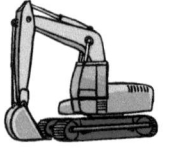

экскаватор

moepi

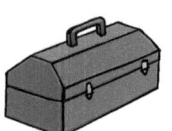

ящик для инструментов

bokoso ya didirisiwa

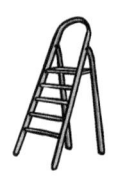

стремянка

lere

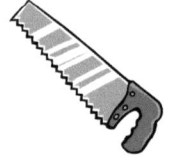

пила

saga

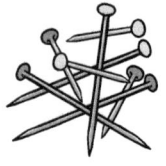

гвозди

dipekere

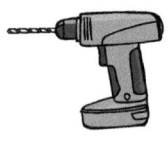

дрель

sebori

ремонтировать
....
baakanya

лопата
....
garawe

Блин!
....
ijaa!

совок
....
seolela matlakala

ведро с краской
....
pitsa ya pente

винты
....
sekurufu

музыкальные инструменты
didirisiwa tsa mmino

ударный инструмент
meropa

громкоговоритель
sepikara se se goelang ko godim

контрабас
base e e gabedi

труба
terompeta

гитара
katara

пианино

piano

скрипка

bayolini

бас-гитара

base

литавры

timpane

барабан

meropa

синтезатор

khiboto

саксофон

sekesofone

флейта

phala

микрофон

sebuela godimo

зоопарк

lefelo la go bonela diphologolo

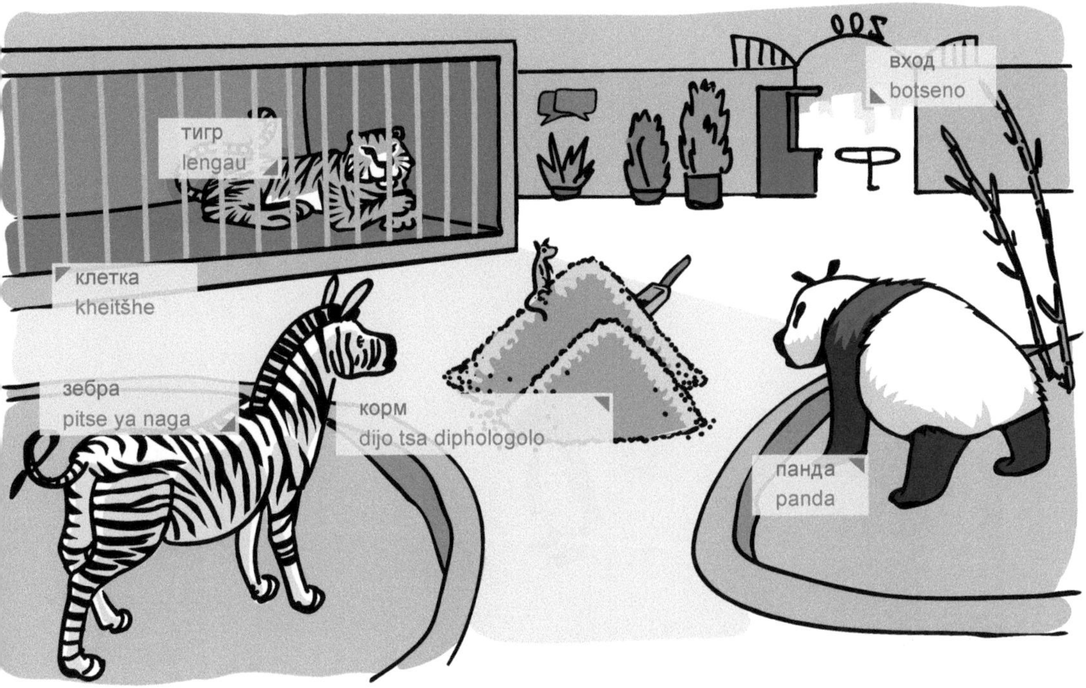

тигр
lengau
вход
botseno
клетка
kheitšhe
зебра
pitse ya naga
корм
dijo tsa diphologolo
панда
panda

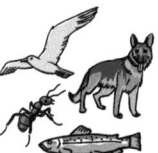

животные

diphologolo

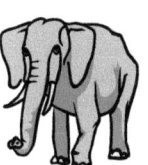

слон

tlou

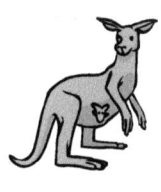

кенгуру

dikhankaruu

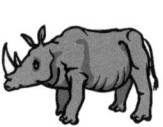

носорог

tshukudu

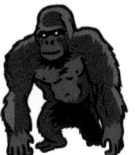

горилла

tshweni

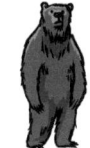

медведь

bera

верблюд

kamela

страус

kalakune

лев

tau

обезьяна

tshwene

фламинго

flamingo

попугай

papalagae

белый медведь

bera e e dulang ko lefelong
le le tsididi thata

пингвин

nonyane tsa lewatle

акула

leruarua

павлин

phikoko

змея

noga

крокодил

kwena

служитель зоопарка

motlhokomedi wa
diphologolo

тюлень

sili

ягуар

katse

зоопарк - lefelo la go bonela diphologolo

пони

petsana

леопард

lengau

бегемот

tshukudu

жираф

thutlwa

орёл

ntsu

кабан

dikolobe tsa naga

рыба

tlhapi

черепаха

khudu

морж

walrus

лиса

ntja ya naga

газель

tshephe

американский футбол
kgwele ya dinao ya Amerika

езда на велосипеде
motshameko wa baesekele

теннис
tenese

баскетбол
baseketebolo

плавание
thuma

бокс
motshameko wa go lwa ka diatla

хоккей
hockey ya mo aeseng

футбол
kgwele ya dinao

бадминтон
badminthone

лёгкая атлетика
atletiki

гандбол
kgwele ya diatla

лыжный спорт
skiing

поло
polo

прыгать
tlola

смеяться
tshega

обнимать
tlamparela

идти
tsamaya

петь
opela

мечтать
lora

молиться
rapela

целовать
atla

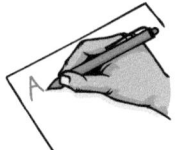

писать

kwala

рисовать

torowa

показывать

bontsha

нажимать

kgorometsa

давать

naya

брать

tsaya

иметь

go nna

делать

dira

быть

nna

стоять

ema

бежать

taboga

тянуть

goga

бросать

latlha

падать

wa

лежать

maaka

ждать

ema

носить

tsholetsa

сидеть

dula

надевать

apara

спать

robala

просыпаться

tsoga

рассматривать

leba

плакать

lela

гладить

thuma ka lemorago

причесывать

kama

говорить

bua

понимать

tlhaloganya

спрашивать

botsa

слушать

reetsa

пить

nwa

кушать

ja

наводить порядок

phepafatsa

любить

lorato

готовить

apaya

ехать

kgweetsa

летать

fofa

ходить под парусом
seila

считать
khalkhuleitara

читать
bala

учиться
ithute

работать
dira

вступать в брак
nyala

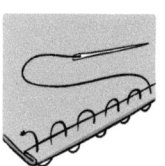

шить
roka

чистить зубы
tlhapa meno

убивать
bolaya

курить
tsuba

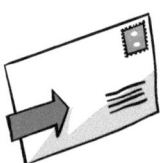

отправлять
romela

бабушка
mmemogolo

дедушка
rremogolo

папа
rre

мама
mme

младенец
ngwana

дочь
morwadi

сын
morwa

гость

moeng

тетя

mmangwane

дядя

malome

брат

abuti

сестра

ausi

тело

mmele

лоб
phatlha
глаз
leitlho
плечо
legetla
палец
monwana
лицо
sefatlhego
подбородок
seledu
кисть
seatla
нога
leoto
грудь
letsele
рука
letsogo

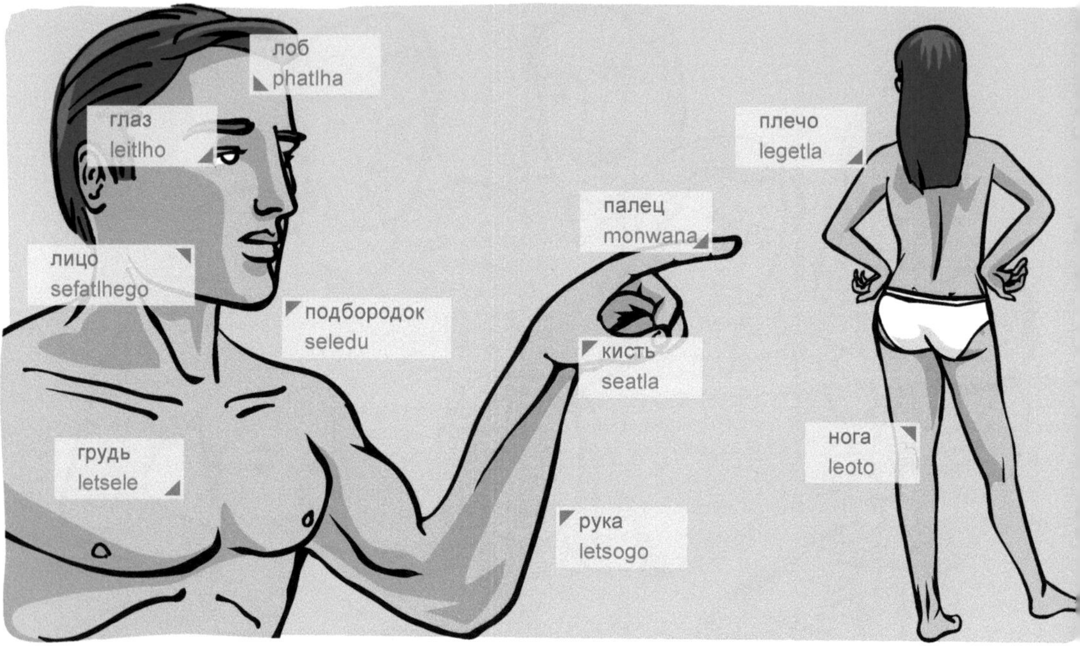

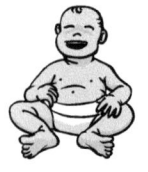

младенец

ngwana

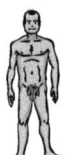

мужчина

monna

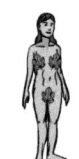

женщина

mosadi

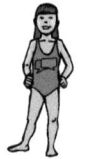

девочка

mosetsana

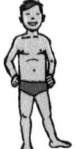

мальчик

mosimane

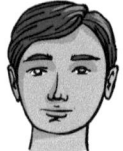

голова

tlhogo

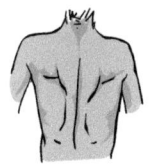

спина

mokwatla

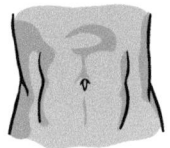

живот

mpa

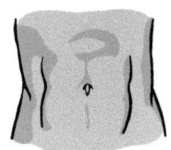

пупок

khubu

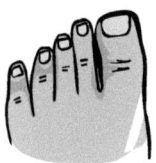

палец ноги

monwana

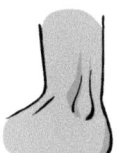

пятка

serethe

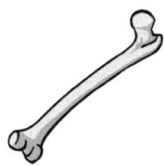

кость

lerapo

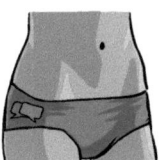

бедро

letheka

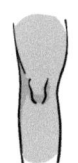

колено

lengole

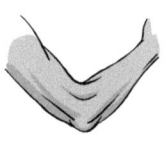

локоть

sekgono

нос

nko

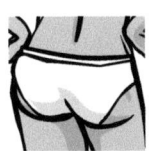

ягодицы

ko tlase

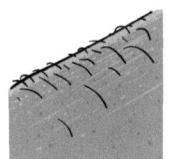

кожа

letlalo

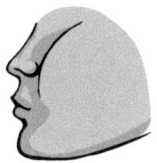

щека

lerama

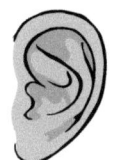

ухо

tsebe

губа

pounama

тело - mmele

рот

molomo

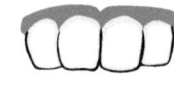

зуб

leino

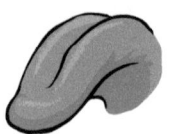

язык

loleme

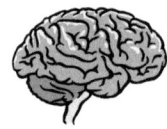

мозг

boboko

сердце

pelo

мышца

maatla

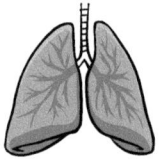

лёгкое

lekgwafo

печень

sebete

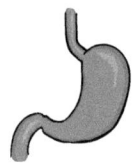

желудок

mala

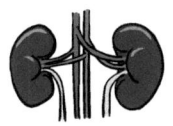

почки

diphio

половой акт

bong

презерватив

mosomelwana

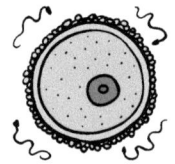

яйцеклетка

sebelegi sa ngwana

сперма

semen

беременность

moimana

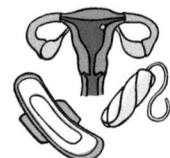

менструация

dinako tsa go tla ka kgwedi
tsa basadi

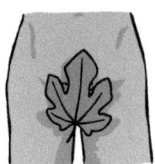

вагина

serwe sa mosadi

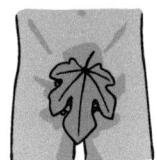

пенис

serwe sa monna

бровь

dintshi

волосы

moriri

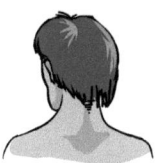

шея

thamo

больница
sepetlele

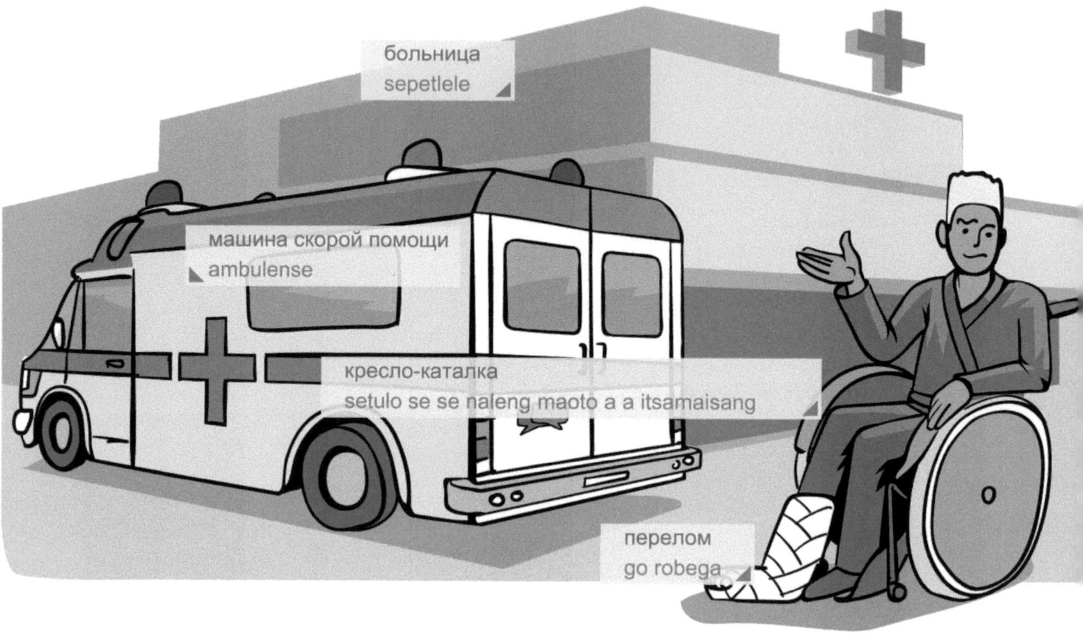

больница
sepetlele
машина скорой помощи
ambulense
кресло-каталка
setulo se se naleng maoto a a itsamaisang
перелом
go robega

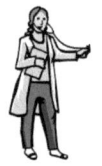

врач

ngaka

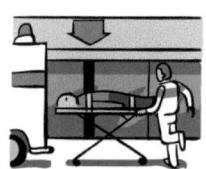

пункт первой помощи

phaphosi ya tshoganyetso

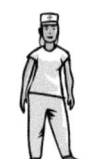

медсестра

mooki

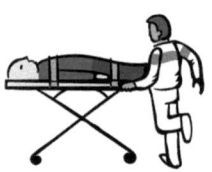

неотложный случай

tshoganyetso

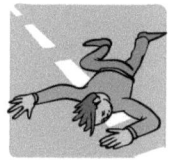

без сознания

idibala

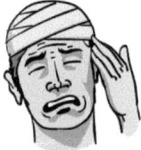

боль

setlhabi

повреждение

kgobalo

кровотечение

go dutla madi

инфаркт

tlhaselo ya pelo

инсульт

setorouko

аллергия

bolwetsi

кашель

go gotlhola

повышенная температура

fulu

грипп

fulu

понос

letshololo

головная боль

opiwa ke tlhogo

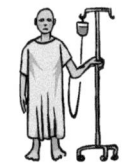

рак

kankere

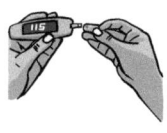

диабет

sukiri ya mmele

хирург

moari

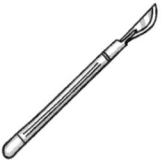

скальпель

sekalepele

операция

karo

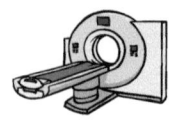

КТ
CT

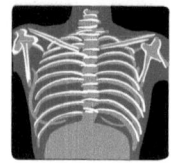

рентген
x-ray

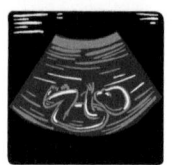

ультразвук
motšhini wa go leba mo mpeng

маска
sesira sefatlhego

болезнь
twatsi

приёмная
phaposi boletelo

костыль
dithobane

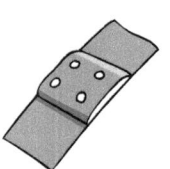

пластырь
polasetara

бинт
sefapho

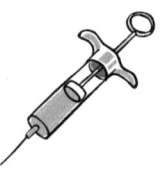

укол
lemao

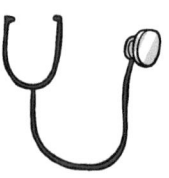

стетоскоп
setetosekoupu

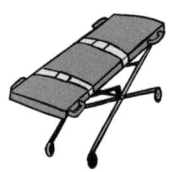

носилки
seteretšhara

термометр
themometara ya bongaka

рождение
pelegi

избыточный вес
bokima jwa mmele

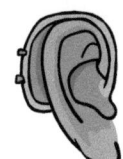

слуховой аппарат

sedirisiwa sa go thusa go utlwa

дезинфекционное средство

sesireletsa dintho

инфекция

tshwaetso

вирус

mogare

ВИЧ / СПИД

HIV / AIDS

лекарство

melemo

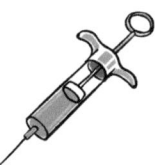

прививка

mokento

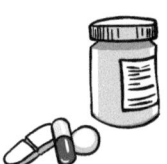

таблетки

thabolete

противозачаточная таблетка

pilisi

экстренный вызов

mogala wa tshoganyetso

прибор для измерения кровяного давления

motšhini wa go ela tlhoko kgatelelo ya madi

больной / здоровый

lwala / itekanetse

Помогите!

Thusa!

нападение

tshotlako

атака

tlhasela

опасность

kotsi

запасной выход

kgoro ya tshoganyetso

Пожар!

Molelo!

огнетушитель

setima moleleo

несчастный случай

kotsi

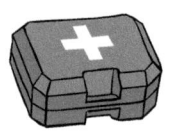

аптечка

khiti ya go thusa ka
dikgobalo

SOS

SOS

милиция

lepodisi

сигнал тревоги

alamo

Европа

Yuropa

Северная Америка

Bokone jwa Amerika

Южная Америка

Borwa jwa Amerika

Африка

Aforika

Азия

Asia

Австралия

Australia

Атлантический океан

Atlantic

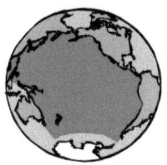

Тихий океан

Pacific

Индийский океан

Lewatle la India

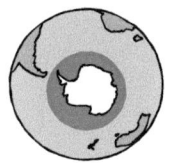

Антарктический океан

Lewatle la Antarctic

Северный Ледовитый океан

Lewatle la Arctic

Северный полюс

Bokone

Южный полюс

Borwa

Антарктика

Antartica

земля

Lefatshe

суша

lefatshe

море

lewatle

остров

losi lwa lewatle

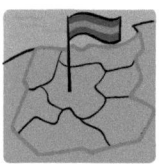

нация

lotso

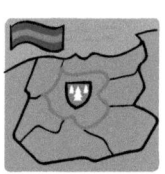

государство

boemo

циферблат

lentle la tshupanako

часовая стрелка

letsogo la ura

минутная стрелка

letsogo la metsotso

секундная стрелка

letsogo la metsotswana

Который час?

ke nako mang?

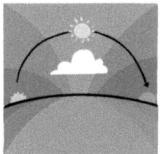

день

letsatsi

время

nako

сейчас

go ne jaanong

электронные часы

tshupanako ya dijithale

минута

metsotso

час

ura

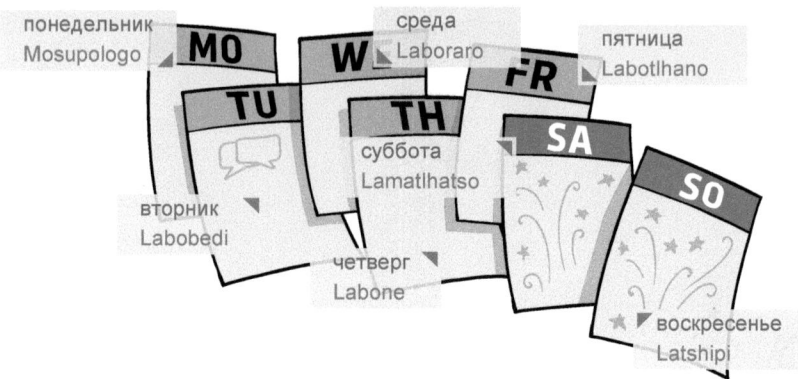

понедельник
Mosupologo

среда
Laboraro

пятница
Labotlhano

вторник
Labobedi

суббота
Lamatlhatso

четверг
Labone

воскресенье
Latshipi

вчера

maabane

сегодня

gompieno

завтра

kamoso

утро

moso

полдень

thapama

вечер

maitseboa

MO	TU	WE	TH	FR	SA	SU
1	2	3	4	5	6	7
8	9	10	11	12	13	14
15	16	17	18	19	20	21
22	23	24	25	26	27	28
29	30	31	1	2	3	4

рабочие дни

malatsi a tiro

MO	TU	WE	TH	FR	SA	SU
1	2	3	4	5	6	7
8	9	10	11	12	13	14
15	16	17	18	19	20	21
22	23	24	25	26	27	28
29	30	31	1	2	3	4

выходные

mafelo a beke

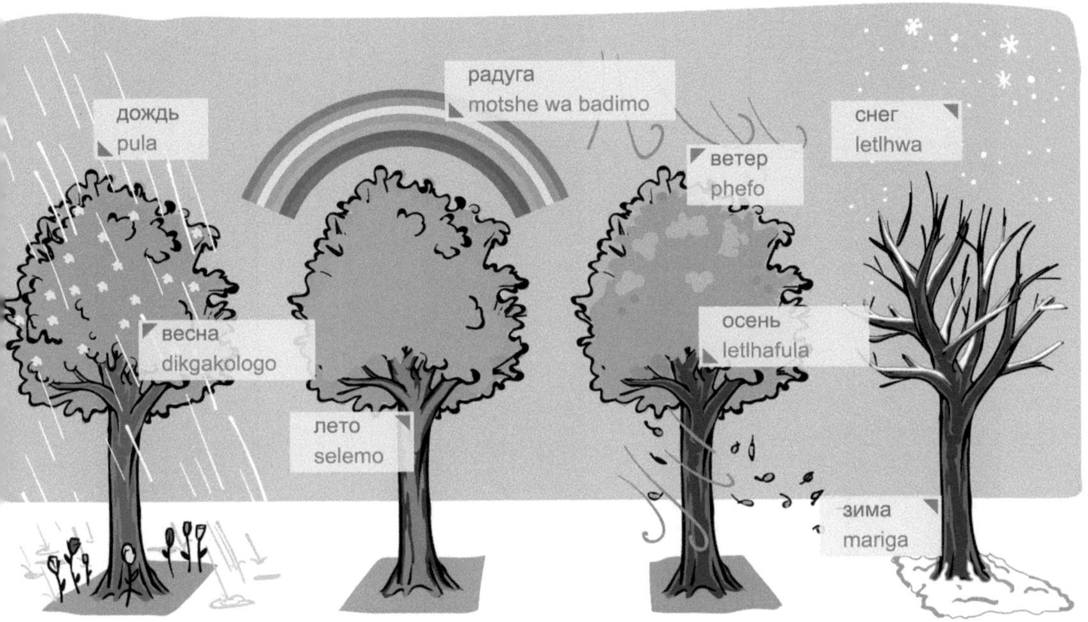

дождь
pula
радуга
motshe wa badimo
снег
letlhwa
ветер
phefo
весна
dikgakologo
осень
letlhafula
лето
selemo
зима
mariga

4.APRIL 11°
5.APRIL 4°
6.APRIL 13°
7.APRIL 8°
8.APRIL 10°

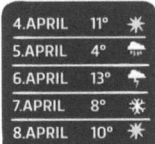

прогноз погоды

botsogo jwa loapi

F C
120 40
90 30
60 20
30 10
0 0
-30 -10
-20

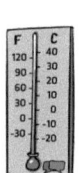

термометр

themomithara

солнечный свет

letsatsi

туча

leru

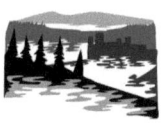

туман

mouwane

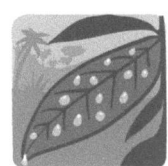

влажность воздуха

humidity

молния

legadima

гром

modumo wa maru

буря

matsubutsubu

град

sefako

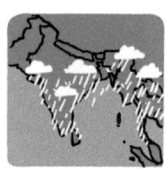

муссон

monsoon

наводнение

morwalela

лёд

aese

январь

Ferikgong

февраль

Tlhakole

март

Mopitlwe

апрель

Moranang

май

Motsheganong

июнь

Seetebosigo

июль

Phukwi

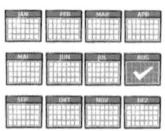

август

Phatwe

82   год - ngwaga

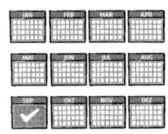

сентябрь

Lwetse

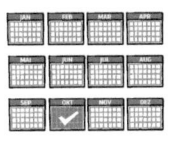

октябрь

Diphalane

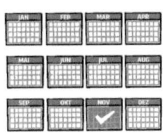

ноябрь

Ngwanaatsele

декабрь

Sedimonthole

формы
dipopego

круг

kgolokwe

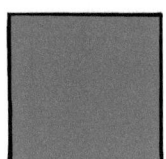

квадрат

khutlonne

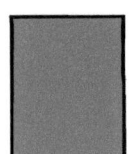

прямоугольник

khutlonnetsepa

треугольник

khutlotharo

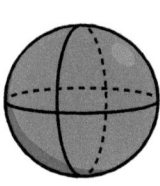

шар

khutlo

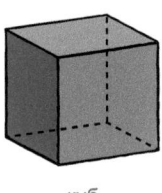

куб

khiubu

белый

tshweu

желтый

serolwana

оранжевый

mmala wa namune

розовый

pinki

красный

khibidu

лиловый

bohibidu jo bo mokgona

синий

pududu

зелёный

tala

коричневый

tshetlha

серый

tshetlha

черный

ntsho

много / мало

go le gontsi / go nnye

яростный / мирный

go kwata / go ritibala

красивый / уродливый

montle / maswe

начало / конец

tshimologo / bofelo

большой / маленький

tonna / nnyane

светлый / темный

lesedi / lefifi

брат / сестра

abuti / ausi

чистый / грязный

phepa / leswe

полный / неполный

feletse / go sa felela

день / ночь

motshegare / bosigo

мёртвый / живой

o sule / o a tshela

широкий / узкий

bophara / tshesane

съедобный / несъедобный

ya jega / ga e jege

злой / дружелюбный

bosula / molemo

взволнованный / скучающий

go itumela thata / go se itumele

толстый / худой

nonne / tshesane

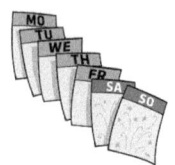

сначала / в конце

ntlha / bofelo

друг / враг

tsala / sera

полный / пустой

tletse / lolea

твёрдый / мягкий

thata / bonolo

тяжёлый / легкий

bokete / motlhofo

голод / жажда

tlala / lenyora

больной / здоровый

lwala / itekanetse

незаконный / законный

dumelesega / dumeletswe

умный / глупый

botlhale / sematla

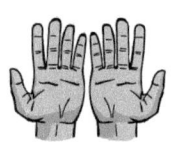

слева / справа

molema / moja

близко / далеко

gaufi / kgakala

новый / подержанный

sesha / ya kgale

ничто / нечто

sepe / sengwe

старый / молодой

mogolo / mosha

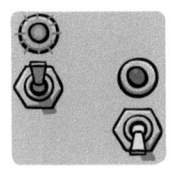

включено / выключено

tsenya / tima

открыто / закрыто

bula / tswetswe

тихо / громко

tidimalo / modumo

богатый / бедный

khumo / lehuma

правильный /
неправильный
siame / phoso

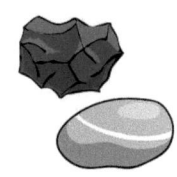

шероховатый / гладкий

ditlhotlhori / borethe

печальный / счастливый

hutsafetse / itumetse

короткий / длинный

khutshwane / telele

медленный / быстрый

bonya / bonako

мокрый / сухой

metsi / omile

тёплый / прохладный

mololo / tsididi

война / мир

ntwa / kagiso

0

ноль

lefela

1

один

nngwe

2

два

pedi

3

три

tharo

4

четыре

nne

5

пять

tlhano

6

шесть

thataro

7

семь

supa

8

восемь

robedi

9

девять

robonngwe

10

десять

lesome

11

одиннадцать

some nngwe

12

двенадцать

some pedi

13

тринадцать

some tharo

14

четырнадцать

some nne

15

пятнадцать

some tlhano

16

шестнадцать

some thataro

17

семнадцать

some supa

18

восемнадцать

some robedi

19

девятнадцать

some robonngwe

20

двадцать

masomamabedi

100

сто

lekgolo

1.000

тысяча

sekete

1.000.000

миллион

milione

английский

Sejatlhapi

американский английский

Sejatlhapi sa Amerika

мандаринский китайский

se-China

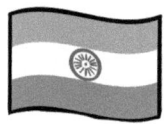

хинди

se-Hindi

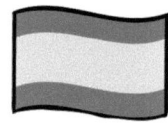

испанский

se-Spanish

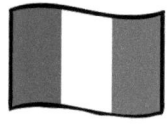

французский

se-For a

арабский

se-Araba

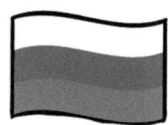

русский

se-Russia

португальский

se-Potokisi

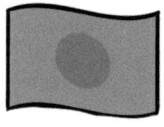

бенгальский

se-Bengali

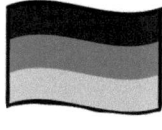

немецкий

se-Jeremane

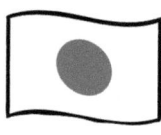

японский

se-Japane

я

Nna

ты

wena

он / она / оно

ene / ene / sone

мы

re

вы

wena

они

bone

кто?

mang?

что?

eng?

как?

jang?

где?

kae?

когда?

leng?

имя

leina

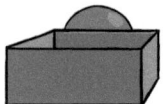

за
....
mo morago

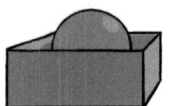

в
....
mo

перед
....
fa pele ga

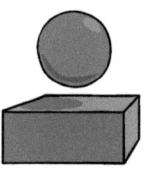

над
....
godimo

на
....
mo

под
....
fa tlase

рядом
....
mo thoko

между
....
magareng

место
....
lefelo